urs werner hänni – märjelen

urs werner hänni

märjelen

gedichte

books on demand

Vom gleichen Autor bei BoD erschienen:

2013 – « är, äs u süsch no…» bärndütschi gedicht
ISBN: 978-3-7322-5539-9

2014 – « sibe brünne » bärndütschi gedicht u gschichte.
Eine erweiterte, mit Kurzgeschichten ergänzte
Neuauflage von 'är, äs u süsch no…'
ISBN: 978-3-7357-5964-1

© 2014 Urs Werner Hänni – Autor
Herstellung und Verlag: BoD – Books on Demand, Norderstedt
Umschlag- und Buchgestaltung: Urs W. Hänni
Umschlagfoto: Märjelensee mit Aletschgletscher – VS
ISBN: 978-3-7347-3316-1

trink, oh auge…

… was die Wimper hält,
von dem goldnen Überfluss der Welt.
(Gottfried Keller, 1819 - 1890)

märjelen

Sommer 2013

Wo einst
ein riesiger eisstrom
uralten fels
blank gehobelt
wandere ich
leichten fusses
dem winzigen see
entlang

tief unten
ein gletscher[1]

wie lange wohl noch?

abend haiku

ewig schnee bedeckt
als eiger mönch und jungfrau
trautes bergmassiv

schüchtern noch ein spät
hell rosafarbig leuchten
auf blendendem firn

zunehmender mond
als feine silbersichel
am bleichen himmel

konkordiaplatz

Welterbe

Unter
wolkenlos
blauem himmel
schwindende
gletscher
krönend

jungfrau
mönch und eiger

ungewohnte
silhouette
des vertrauten
dreigestirns

énigme

Wolkenfetzen
von winden
sanft ostwärts
getrieben
in endloses blau
allmählich
verschwinden
wo sind sie
geblieben
weisst du es genau?

färricha

Im Wallis

mauern
aus bleich
verwitterten steinen
brusthoch
zu ungleichen räumen
geschichtet

längst verhallt
ist das lustige klingeln
der schellen

verstummt auch
das blöken
der schwarznasen schafe

ein zwergiges
machu picchu
der alpen

frühling

Berner Oberland

noch liegt
im schattigen tälchen
schnee
von soldanellen überlistet

hastig umwerben
drollige hummeln
die feinen
zur sonne gerichteten kelche

und lautlos
verkündet der enzian
mit leuchtend blauen trompeten

FRÜHLING!

sommer

Im Goms

Schnarrende schrecken
ein kontrapunkt
zum fernen geläute
weidender herden

unsicher schaukelt
der kardinal[2]
in zittriger luft
auf dem türkenbund

talwärts fliesst
in der hitze gleissend
als silbernes band
die werdende rhone

herbst

Urschweiz

länger
die schatten jetzt
still und verlassen
liegen die hütten

heidekraut hüllt
nebelverhangene
weiden
in herrlichen purpur

länger nun auch
die frostigen nächte
mit frühem reif
auf gräsern und beeren

winter

Graubünden

meterhoch fiel schnee
steinbock und gämse
zu dürftiger äsung
zwingend

flinten
knallen im eisigen tann
eine bellende meute
umzingelt den keiler

grossvater pafft
auf der ofenbank
am feuer schwatzen
strickende frauen

alpensinfonie

ANDANTE
    fröhliches flöten
    der amsel

ADAGIO
    leise rauscht wind
    durch die arven[3]

SCHERZO /
    helles
    rhythmisches
    herdengeläut
TRIO
    von ferne
    paukt nahender donner

FINALE : ALLEGRO /
    endlich
    das peitschen des regens

FURIOSO
    hagel trommelt
    auf's schindeldach

gewitter

Auf der Alp

in flirrender hitze
dürstende weiden

hoch über dem grat
ein leuchten und grollen

rinder suchen schutz
unter tannen

endlich prasselt
erlösender regen

auf mannstreu und arnika
sahara staub

stossgebet

Alpsommer 2014

ich bitte dich petrus
die schleusen zu schliessen
erhör mein gebet
höre auf mit dem giessen

wo stechende sonne
sonst gras welken lässt
rutsche ich aus
auf die knochen durchnässt

weit und breit weder tanne
noch schuppen
kein licht einer hütte
das trockene wärme verspricht

erbarme dich petrus
ich muss dich doch bitten
lass helios walten
hör auf so zu schütten!

die emme

Sommer 2014

Wie es heute
wieder regnet
in strömen
sintflutartig

schon wieder
rollt sie stämme
verheerendes
geschiebe

und wieder
stehen sie
immer die gleichen
meterhoch im schlamm

wie es heute
wieder regnet!
kein vornehmer
gentleman-regen[4]

der wetterprophet

Setzt sich
am waldrand
auf nadelhaufen

ameisen
krabbeln emsig
seine behaarten
beine hoch
unter der wäsche
bis ins gesicht
gramseln
im bart
zwicken
und beissen

sagen
schneereichen winter
voraus

winternacht

leise
über nacht
fiel schnee
vertraute
konturen im garten
verwischend

kinder finden
gefallen
an der weissen pracht
flockend über nacht
aus einem grauen nichts
gefallen

auch mir gefällt
schnee der fällt
nachts
aus dem nichts

universum

an unendlichem himmel
das silberne flimmern
erloschener sonnen
längst schon
   dem auge
    noch unsichtbar
durch myriaden neue ersetzt

blatten

Im Wallis

gleich einer herde
um ihren hirten
schart sich
die handvoll
sonngebräunter häuser
um das weisse kirchlein

niesen

Versuch einer Definition

Von kindern
unendliche
male
gezeichnet
vom dichter
besungen
vom künstler
gemalt
als ebenmässiges urbild
des berges

eggishorn

Versuch einer Definition

Von titanenhand
aus schwarzgrauen
felsplatten
wirr
zu beliebtem
ausflugsziel
getürmte
pyramide

spiezberg

am südhang
    terrassenförmig
      zu krönendem wald
    ansteigend
reift seit tausend jahren
der elbling[5]

nördlich
jedoch
fällt steiler fels
in unheilvolle tiefen…

peter

in memoriam

am spiezberg tobt
die schnitzeljagd
du hast dich weit
hinaus gewagt
bist senkrecht
in den tod gestürzt

nun stehen wir am grab
bestürzt
und singen
schluchzend dir

das leben welkt wie gras
wie blumen auf der flur
sobald der wind darüber weht
verschwindet ihre spur

rothornbahn

Stampft rauchend
seit über
hundert jahren

dampft fauchend
auf schmaler
eiserner bahn

mit zahnstange
trotzt sie den steilen gefahren
und kämpft sich
zu unserm vergnügen
bergan

blümlisalp

ein schneeweisser
berg
ragt
in tiefblauen
himmel

auf tiefblauem
see
dampft
ein schneeweisses
schiff[6]

delphi

souvenirs d'août 1958

mittagsglut am fusse des parnass
eintönig schriller zikadengesang

spärlich nur
spenden die säulen der tholos
schatten

sonnenwarm
reifen schwarzblaue feigen
im leuchtenden blattwerk

durch silbrig schimmernde haine
blinkt ferne der golf von korinth

der wagenlenker

Seit tausend jahren lenkt
der bronzene ephebe
in knöchellanger xystis[7]
seine erdachte quadriga
gebannt
den hehren blick
aus lapislazuli
gerichtet
auf das längst
verschollene gespann

sunion

Versuch einer Definition

hoch
über tiefblauer ägäis thronend
gehauen aus weissem
pentelischem marmor
grüssen schlanke
dorische säulen[8]
einst poseidon
geweiht

akropolis

Antikes Pathos

dem aufmerksamen wächter entgangen
verbringt er die nacht auf parthenons stufen

aphrodite besucht ihn
            anmutige göttin
auch pallas athene
            schutzherrin des tempels

früh zeigt sich dann eos
im fahlen orient

und feurig steigt
der flammende wagen des helios
zum neuen tag in den äther

karthago

ports puniques

dort wo der grosse hannibal
einst seine flotte verankert

wo ranke arokarias
feinen scherenschnitten gleich
sich am bleichen himmel wiegen

wo hibiskus und jasmin blühn
eifrige schwalbeneltern
im flug insekten jagen

wo nach mücken springende fische
das ruhig ringförmige wasser
lustig mit kreisen beleben

wo abends die weisse kuppel
der *lella salha* zart sich rötet
im licht der sinkenden sonne

wo aus der dunklen meeresflut
silbern hell der erdtrabant
gleich einer riesenscheibe steigt

dort zieht es mich seit jahren hin
dort bin ich ein wenig zuhaus

ehrwürdiger greis

Peruanischer Pfefferbaum

du streckst
seit hundert jahren
auf einem wulstigen stamm
raue knorrige arme
in karthagos blau
von deinen ästen fallen
fein gefiederte kaskaden
mit zartem grün beblättert

zauberformel

vulkania

licancabur
agung
batur
dschazirat dschabal at tair
gamalama
altamair
emi kussi
trölladyngja
karisimbi
bardarbunga
muhabura
helgafell
porak
popokatepetl
dariganga
nyiragongo
gamkonora
acotango
ruapehu
chimborazo

wayang windu?
atacazo!

didon und æneas

hommage à Henry Purcell

Von hämischen
zauberinnen
zum narren
gehaltenes paar

von zürnenden göttern
willkürlich
in einen grausamen tod
gestürzt

vom *genius* aber
mit herrlich
himmlischen tönen
beschenkt

siesta

hinter
geschlossenen
läden
im schmalen
sonnenstrahl
tanzt staub

zögernd erst
im luftzug dann
furioso

gebannt
schaut sie
dem reigen zu
sanft ihre hand
auf seinem
rücken

zytglogge[9]

mittags
starren sie wieder
in scharen
mit unschön
geöffnetem mund
nach dem narr
den bärtigen chronos
schon im visier
und verpassen dabei
des hahn's geschrei

lapidar I

logisch

Weil[10]
heisst
weil am rhein
weil
weil
am rhein
liegt

lapidar II

haus
im weg
    weg
    mit haus!

sprengmeister
gekommen

...

schutt
im weg
    weg
    mit schutt!

alltägliches

à la Beat Sterchi

Staubwischenstaubwischensta
bwischenstaubwischenstaubwi
chenstaubwischenstaubwischen
taubwischenstaubwischenstau
wischenstaubwischenstaubwis
henstaubwischenstaubwischens
aubwischenstaubwischenstaubw
ischenstaubwischenstaubwisch
nstaubwischenstaubwischensta
bwischenstaubwischenstaubwi
chenstaubwischenstaubwischen
taubwischenstaubwischenstau
wischenstaubwischenstaubwis
henstaubwischenstaubwischens
aubwischenstaubwischenstaubw
ischenstaubwischenstnaubwisc
enstaubwischenstaubwischenst
ubwischenstaubwischenstaubw
schenstaubwischenstaubwische
staubwischenstaubwischenstau
wischenstaubwischenstaubwis
henstaubwischenstaubwischens
aubwischenstaubwischenstaubw
ischenstaubwischenstaubwisch
nstaubwischenstaubwischensta
?

menschen – tiere

minimale strategie

er
möchte
den hof

sie
möchte
ein kind

pille
nicht genommen
prompt
ein kind bekommen

er
hof
übernommen

im supermarkt

Sie schiebt
ein neugebornes kind
im körbchen
auf dem einkaufswagen

– wo solche wohl
zu haben sind?

würd' ich die dame
gerne fragen…

karussell

Versuch einer Definition

ausgelassen
zu drehorgelmusik
hölzerne
pferde
mit flatternden
mähnen
und aufgeblähten
nüstern
reitende
kinderschar

kinderszenen

hommage à Robert Schumann

der dichter spricht

von fremden ländern und menschen
handelt seine kuriose geschichte
vom hasche mann
eine wichtige begebenheit

drängend bittendes kind
– erzähle doch weiter
ICH bin
der ritter vom steckenpferd!
ruft es ernst
fast zu ernst
und versinkt
des glückes genug
in eine träumerei
am kamin

– fürchtemensch…
murmelt das
kind im einschlummern

moderne kunst

der künstler
nimmt's nicht so genau
sein meer ist rot
die menschen blau

wär unser maler
noch ein kind
ich hielte ihn
für farbenblind

pablo

Zerlegt
das fesselnde gesicht
der attraktiven dora maar
in seine einzelteile
fügt sie dann wieder eifrig
wenn auch etwas schief
zusammen

das bild ist schön geworden!

der kritiker

er hat noch nie
ölfarbe gemischt
er hatte auch nie
einen pinsel zur hand

jetzt stellt er sich gleichwohl
schmollmündig hin
und glaubt sich ermächtigt
kritik zu üben

vernissage

art contemporain

Schäumender *dom pérignon*
in funkelndem kristall

leutseliger künstler
umschwärmt
von weiblicher eleganz

farbkleckse vergleichend
zücken betuchte herren
ihr checkheft

preise spielen hier keine rolle
[auch das geklecksel kaum]

c'est un peintre en vogue ![11]

dada

Frei nach Hans Arp

bevor dada da war
was war da?

bevor dada da war
war dada da!

ach
bevor dada da war
war dada schon da?

bevor dada da war
war dada ja da!

aha…

theodor von thane

Frei nach…

john maynard

wer ist john maynard?
john maynard
war unser steuermann
aus hielt er
bis er das ufer gewann
erreicht' das gestade
mit mühe und not
in seinen armen
das kind
war tot…

goldberg variationen

hommage à Gustav Leonhardt

reihenweis' zuhöhrerköpfe
    blonde locken
    schwarze zöpfe
    aber auch
    sind zu erwähnen
    viele altersgraue strähnen
trotz der späten stunde wach

schon ertönt musik von bach
cembalistenfinger hasten
eifrig über schmale tasten
langsam erst
allmählich schneller
tönt es dumpf
dann wieder heller
hin zu stürmischem applaus

glücklich kehren wir nach haus

die miss

mit vierzehn
dauernd
missmutig

mit sechzehn
stets
missverstanden

mit achtzehn
wird sie
missbraucht

mit zwanzig
als *miss world*
umschlungen

mit botox dann
wirkt sie
misslungen

der schmale pfad

die menschheit wankt
auf schmalem pfad
gedeih – verderb
profit – vernunft

zwischen habgier
und verzicht
sucht sie ein möglich
gleichgewicht

musst du verzweifeln
darf ich hoffen?
die antwort darauf
steht noch offen…

S bahn

er käme
mit seinem gegenüber
gern ins gespräch

doch sie hört musik
rhythmisches zischen
aus klobigen höhren
geschlossene augen
gebieten ihm
– ruhe!

er hat keine chance
bemerkt zu werden…

le métro

Haiku

Von *rome* nach *stalingrad*
fährt sie knapp zehn minuten
jets brauchen länger…

im abendverkehr
nicht mehr fahrgast – sardine
schon riecht es nach schweiss

besoff'ner *clochard*
alle rümpfen die nase
drei plätze noch frei

oldtimer

Haiku

Vom autofriedhof
durch geschickte hände an's
oldtimer-rallye

zoologie

Haiku

giraffengeburt
aus fast zwei metern höhe
der sturz in's leben

hunter

felis domesticus

Schlitzohrig
    wildschwanzend
rundbucklig
    frechfauchend
grünäugig
    nachtstreunend
feuchtnasig
    milchlappend
scharfzahnig
    salmfressend
schnurrbärtig
    faulenzend
samtpfotig
    ballspielend
spitzkrallig
    mausjagend
weichfellig
    sonnliebend
weissbauchig
    lautschnurrend
…

vorschläge

hommage an Christian Morgenstern

die geburtshelferschlange
    die brillenkröte
das eichelpferd
    der nilhäher
die maulente
    der eideresel
der steinschwan
    der singbock
der schleierhai
    die hammereule
der aasfrosch
    der laubgeier
die wühlmöve
    die lachmaus
der nebelochse
    die urkrähe
die säbelzahnkröte
    der schildtiger
der seebüffel
    der wasserlöwe
der shetlandgibbon
    das weisshandpony

die fliege

Fahrt mit der Matterhorn – Gotthard – Bahn

am fenster
wie ein akrobat
läuft eine fliege
richtung fahrt[12]

dadurch ist sie
auch ohne flug
ein bisschen schneller
als der zug

das insekt

eine gottesanbeterin

erst schaute ich genauer hin
lief dann die kamera zu holen
und schlich zurück
auf leisen sohlen

ich spähte durch das objektiv
sie tat nur so
als ob sie schlief

vergrössert

hat mich das insekt
daheim am bildschirm dann
erschreckt!

der mensch

nous n'héritons pas la terre de nos ancêtres
nous l'empruntons à nos enfants[13]
                Antoine de Saint Exupéry

er bohrt nach erdöl
fördert kohle
erklärt den mammon zum idole
er foltert, tötet
kämpft und schwitzt
und sägt am ast auf dem er sitzt
er fischt die ozeane leer
hat nie genug
will immer mehr
setzt seine weltherrschaft in szene
und er manipuliert die gene
er überzüchtet schweine, kälber
trocknet die moore, rodet wälder
er wühlt, verschmutzt
betrügt, besetzt

bis gaia ruft
– es reicht mir jetzt!

gaia[14]

gaia hat ihre nase voll

*– ihr menschen treibt es viel zu toll
ich muss euch eine lehre geben!*
gaia lässt sich ein wenig beben
die menschen wühlen eifrig weiter

*– jetzt werdet endlich mal gescheiter
sonst lös' ich den tsunami aus!*
sie überflutet mann und maus
was kümmert's sie, die jumbos fliegen…

*– kann man euch so nicht unterkriegen
sollen vulkane asche speien!*
auch so herum will nichts gedeihen
die menschen gaffen nach dem mond

*– ich will, dass ihr mich endlich schont
sonst lass ich durst und hunger walten!*
hilft alles nichts, es bleibt beim alten
adam treibt es sogar noch toller

sie hat die nase immer voller…

Mitte Juni 2010 explodiert eine BP Bohrinsel im Golf von Mexiko

© In *"Direct soir"* n° 783 vom Dienstag, den 15. Juni 2010

Hilfe für die ölverschmutzten Vögel

Dieser, vollständig mit Öl bedeckte Pelikan, lebte in der Bai Barataria (Louisiana) wo das durch die explodierte BP Boh ausströmende Erdöl einen grossen Teil der Fauna und Flor Mexikanischen Golf verschmutzt.

Letzte Woche hat das Hilfswerk "*Oiled Wildlife Rehabilita* angefangen, die durch den Ölteppich verseuchten Pelikane zu rett

pelecanus occidentalis !

Brauner Pelikan

es war einmal ein ozean
mit klaren, blauen wogen
am ufer stand ein pelikan
weiss blendend angezogen

man bohrt nach öl auf meeresgrund
aus einem fürchterlichen schlund
die mutter erde traurig blutet
bis alles bräunlich überflutet

der stolze jäger taucht mit mut
in diese schmutzig träge flut
dann wieder auf ans's tageslicht

doch du erkennst den vogel nicht…

die Q

hommage à Heinz Erhardt

in langen zügen säuft die Q
ich schaue ihr beim saufen zu

die menge, die das rindvieh schlückt[15]
hat mich mehr und mehr entzückt

milchproduktion (es ist doch so?)
benötigt gras und H_2O

würde die Q kein wasser saufen
gäb's weder rahm noch käs' zu kaufen

der misanthrop[16]

der mensch sei unsrer schöpfung krone!

sowas zu glauben ist nicht ohne
denn dieser krone fehlen oft
etwelche zacken
unverhofft bemerkt er
unterm schädelknochen
am rad sind zähne abgebrochen
bei andern
es ist kaum zu fassen
fehlen im schrank diverse tassen
und was ihn schliesslich nicht mehr wundert
gibt's welche
die sind nicht ganz hundert…

na ja
auf solch ein kronjuwel
kann er verzichten

migotseel!

nathan

Der Weise

man weiss vom juden
einem frommen
der jeden sabbat
wirklich jeden
zur klagemauer sei gekommen
um hier mit seinem gott zu reden

– lass uns doch allesamt soeben
vernünftig werden
tolerant
auf dass wir im gelobten land
mit mohammed zusammenleben

inbrünstig und mit viel gesang
bat er um frieden
jahrelang…
da nichts geschah wurde er sauer
und schrie
– ich sprach an eine mauer!

gaza

Sie bauen
seit jahren schon suchen sie
menschenwürdig zu leben

dann
diese alles zerstörenden bomben
sekundenschnell
werden aus häusern ruinen
die kinder zu waisen

sie räumen den schutt
versuchen erneut zu bauen

versuchen...

seit jahren

eugen

in seiner scheune
hat eugen
ein halbes duzend
esel stehn

schuld daran trägt
mit einem wort
die *mademoiselle*
vom kinderhort

ein märchen
hat erzählt die *miss*
vom grautier
das dukaten schiss

seither hofft
eugen unbeirrt
dass es im stall
nach talern klirrt

kobi

ich kenne ihn
den kobi zwist

er komponierte
dauernd mist
den er als
blumendünger nutzte
für wunderschön
herausgeputzte
geranien
auf dem balkon

geneigte leser
merken schon
dass ich das
töne variieren
verwechselte
mit kompostieren
es handelt sich
bei diesem mann
nicht um den grossen
ludwig van!

ueli

ein mann
mit namen ueli huf
ist totengräber
von beruf

gräbt vielen
als ersatz fürs bette
ein grab
zur letzten ruhestätte

seit jahren schon
und ueli lebt
denn manchmal lügt
das sprichwort

nein
wer andern eine grube gräbt
fällt doch nicht immer
selbst hinein

franz

franz kaufte sich
beim bäcker zipfel
einen mit nuss
gefüllten gipfel[17]
und biss hinein
mit appetit

wusste
der bäckerjunge nit
dass man die schalen
aller nüsse
gewissenhaft
entfernen müsse?

franz
hat ein zähnchen ausgebissen
laut ruft er
– sowas von versch…!

patrick

patrick
ist pausenlos
am *surfen*

sie möcht' ihn
endlich
stören dörfen[18]
wär gern
mit ihrem freund
im bett

ach…
das verflixte
internet!

ein berner

à la Ueli der Schreiber

ein berner namens bieri urs
besuchte einen *fitness*-kurs
sich zu verjüngen
het er gseit[19]
nagt bieris urs am zahn der zeit?

s d f[20]

anstatt der vier wände
besitzt er nur eine
hat kein badezimmer
auch küche gibt's keine
auf ein dach über'm kopf
da wartet er noch

er fristet sein dasein
in einem loch

schlägerei

der vater
schlägt
die tochter blau

die tochter
schlägt
die türe zu

der sohn
schlägt
seinem vater nach

und mutter
schlägt
die bibel auf...

facebook

helene stellt ins *facebook*
ein bild aus jugendjahren
im frischen *sexy face look*
mit langen schwarzen haaren

schon hat sie zehn verehrer
einige sind noch knaben
die grade mal das alter
ihres sohnes haben

twitter

---

ein *teenager twittert*
behände
ahnt nicht die gefahr
die ihm droht

er *twittert*
und stürzt sich am ende
verzweifelt
in seinen tod…

gegenargument

hommage à Kurt Marti

Wenn der zahn schmerzt
lebt er noch
wenn der zahn schmerzt

wenn er *fendant* schlürft
lebt er noch
wenn er *fendant* schlürft

wenn die liebe neckt
lebt er noch
wenn die liebe neckt

wenn er rosen riecht
lebt er noch
wenn er rosen riecht

erst
wenn der schreiner misst
ist er tot
wenn der schreiner misst

ist er tot

bedenke

milliarden
sind
gekommen

haben
wichtig
sich genommen

unersetzlich
sich
gefunden

sind darauf
spurlos
verschwunden…

der sensemann

er zieht durch die stadt
und streift über land
abgelaufen die uhr
in der knöchernen hand

mit geschliffener sense
von ort zu ort
mäht er unerbittlich
in einem fort

die sanduhr

korn
um korn
rinnt zeit
durch ihren
engen hals

un
auf
halt
sam

du weigerst dich
das glas zu drehen
die zeit
rinnt weiter

aphorismus I

der weise sagt
" kein mensch muss müssen "

und doch müssen wir alle
ein und dasselbe

aphorismus II

Sterben

einfach
so
– sterben…

das
allerletzte!

randbemerkungen

1 – Der Grosse Aletschgletscher ist der grösste und längste Gletscher der Alpen. Seit 1850 ist seine mittlere Dicke ganze 100 m geschrumpft. Am 13. Dezember 2001 wur er Teil des UNESCO-Welterbes.

2 – Der Kardinal ist ein Alpenfalter: *Argynnis pandora*.

3 – Arve, steht schweizerisch für Zirbelkiefer.

4 – Siehe: Kurt Marti, "Schöner Tag", in Zoe Zebra.

5 – Der Elbling (von lat. *albus*, weiss) die älteste Rebsorte wurde bereits von den Römern im Moselgebiet angeba

6 – DS Blümlisalp, im Volksmund liebevoll 'Blüemlere' g ist ein 1906 von Escher Wyss erbautes Zweideck Salon Nach einem fast zwei Jahrzehnte dauernden Dornrösch sowie einer Totalrevision, läuft das stolze Flaggschiff a 22. Mai 1992 zur zweiten Jungfernfahrt aus und dampf seitdem wieder auf dem Thunersee.

7 – Xystis: langes, unter der Brust gegürtetes Gewand der griechischen Wagenlenker.

8 – In der Dorischen Ordnung beträgt die Gesamthöhe der viereinhalb bis höchstens fünf mal den Basisdurchmess In Sunion ist das Verhältnis aber eins zu über sechs; di lässt die Säulen schlanker, fast ionisch, erscheinen.

9 – Der 'Zytglogge' ist ein Wahrzeichen Berns. Seine astronomische Uhr und das Figurenspiel locken j tausende Touristen aus nah und fern in die Bundesstadt

10 – Ich könnte mir vorstellen, dass solche Verse von verschiedenen Autoren unabhängig voneinander geschrieben werden **weil** es ja irgendwie auf der Hand **liegt**.

11 – *en vogue* ; aus dem französischen: zeitgemäss – gefragt – gesucht – begehrt – *à la mode* – "der letzte Schrei"…

12 – Sprich "Faaht", wie "Haaahausfall"; müsste das Folgende dann, konsequenterweise, "Fluch" und "Zuch" ausgesprochen werden?

13 – Wir erben die Erde nicht von unsern Vorfahren,
wir leihen sie von unsern Kindern aus.

14 – **gaia** oder **ge**, deutsch auch **gäa**, ist in der griechischen Mythologie die personifizierte Erde und eine der ersten Götter. Ihre Entsprechung in der römischen Mythologie ist **tellur.**

15 – Oder heisst es etwa: "schluckt"?
ich wäre dann direkt "entzuckt"…

16 – Ein Misanthrop muss weder gewalttätig, aggressiv noch arrogant sein, altruistisches Handeln ist bei ihm nicht ausgeschlossen; *(in Wikipedia.de)*.

17 – Der Nussgipfel, ein mit Nussmasse gefülltes Hörnchen, ist ein Schweizer Hefegebäck.

18 – 'dörfen' ist Schweizerdeutsch – dürfen.

19 – 'het er gseit' ist Berndeutsch – hat er gesagt.

20 – vom französischen '*sans domicile fixe*' ;
'ohne festes Zuhause', also: obdachlos.

inhalt

I – trink, oh auge…

abend haiku   8
akropolis   33
alltägliches   42
alpensinfonie   16
blatten   23
blümlisalp   29
delphi   30
didon und æneas   37
eggishorn   25
ehrwürdiger greis   35
die emme   19
énigme   10
färricha   11
frühling   12
gewitter   17
herbst   14
karthago   34
konkordiaplatz   9
lapidar I   40
lapidar II   41
märjelen   7
niesen   24
peter   27

rothornbahn 28
siesta 38
sommer 13
spiezberg 26
stossgebet 18
sunion 32
universum 22
der wagenlenker 31
der wetterprophet 20
winter 15
winternacht 21
zauberformel 36
zytglogge 39

II – menschen – tiere

aphorismus I 88
aphorismus II 89
bedenke 85
ein berner 79
dada 53
eugen 74
facebook 82

die fliege   64
franz   77
gaia   67
gaza   73
gegenargument   84
goldberg variationen   55
hunter   62
das insekt   65
karussell   47
kinderszenen   48
kobi   75
der kritiker   51
der mensch   66
le métro   59
minimale strategie   45
der misanthrop   71
die miss   56
moderne kunst   49
nathan   72
oldtimer   60
pablo   50
patrick   78
pelecanus occidentalis   68/69
die Q   70
S bahn   58
die sanduhr   87

schlägerei   81
der schmale pfad   57
s d f   80
der sensemann   86
im supermarkt   46
theodor von thane   54
twitter   83
ueli   76
vernissage   52
vorschläge   63
zoologie   61

randbemerkungen   90